CE LIVRE APPARTIENT à

....

Une demande spéciale

Hey ! Merci pour votre achat.

Comme vous le savez déjà, nous mettons beaucoup de travail pour créer de tels livres à colorier.Si vous pouviez prendre un moment de votre temps pour nous laisser une critique sur Amazon, nous l'apprécierions vraiment.

ANANAS NOUVELLES PUBLICATIONS

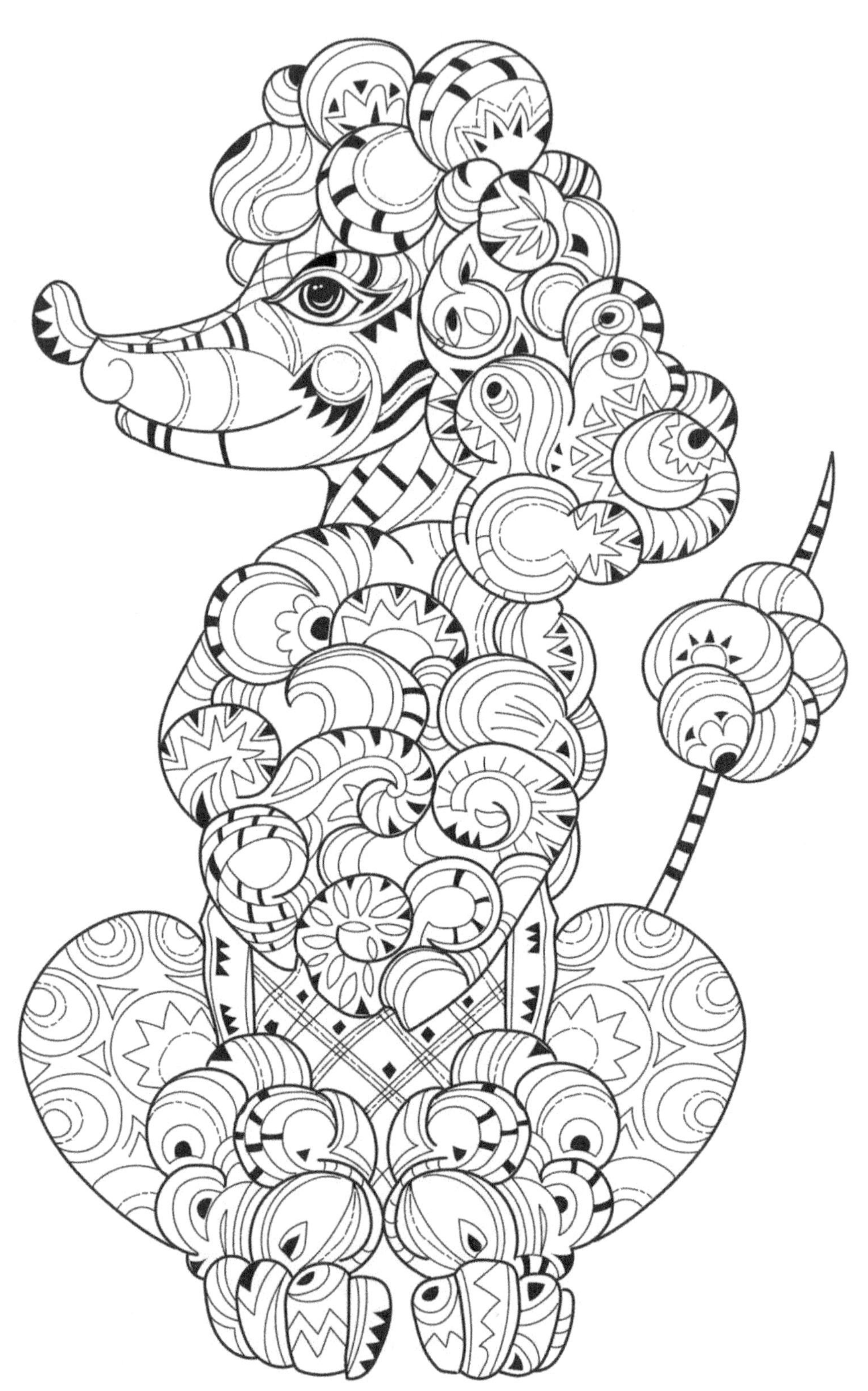

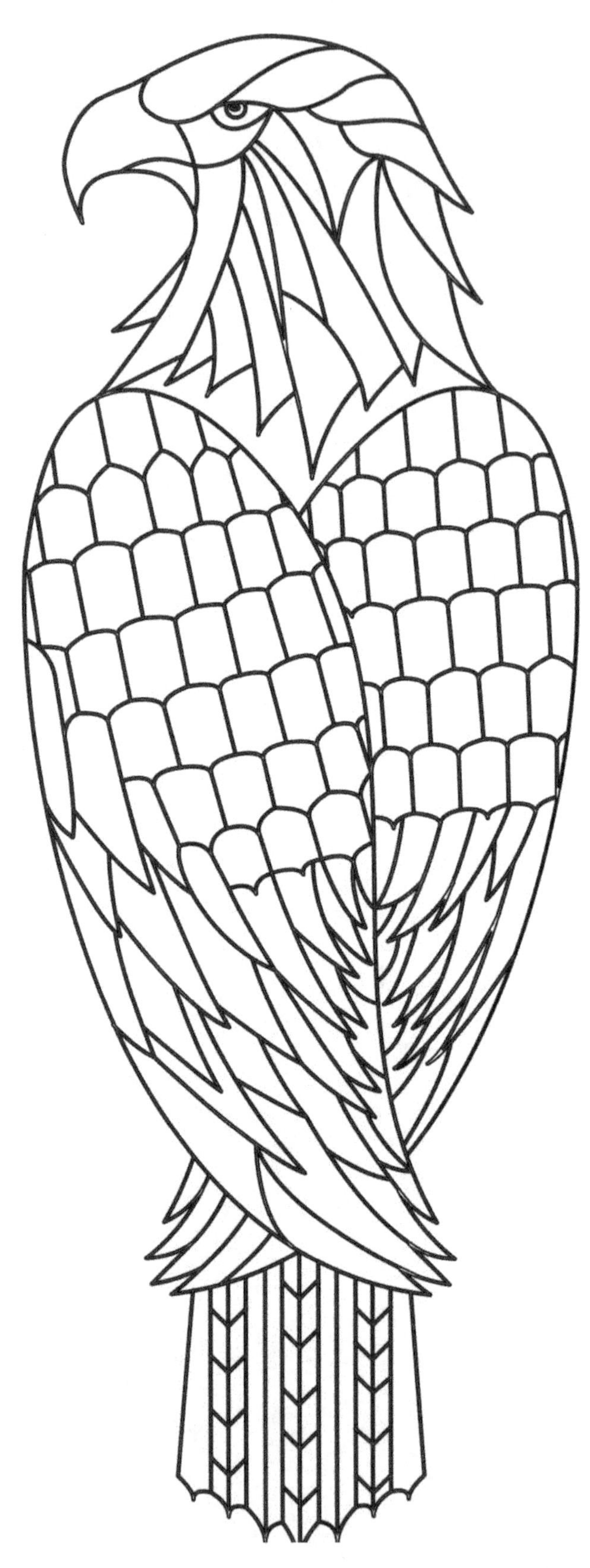

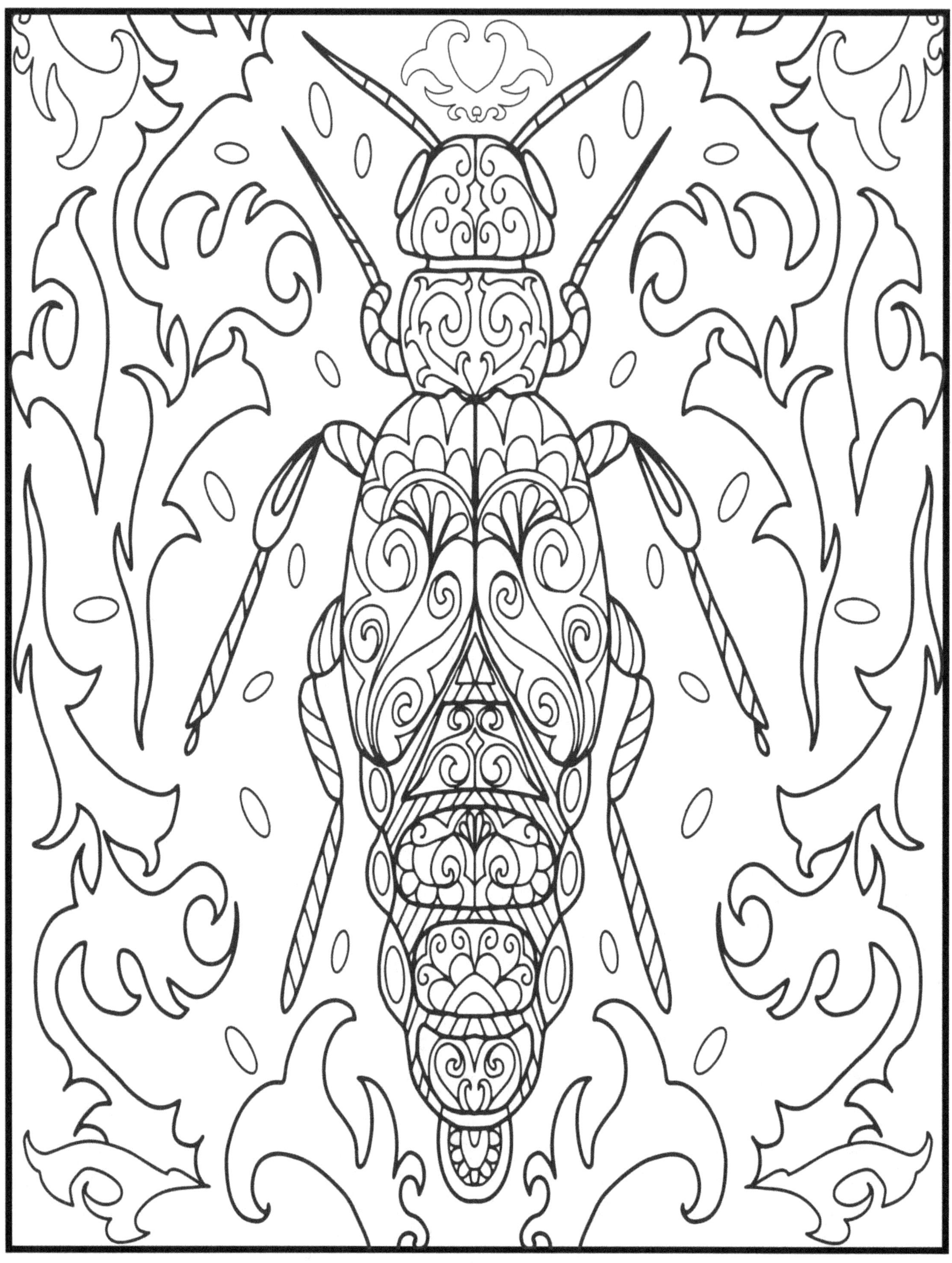